DUEL

60 secondes chrono. Au top départ, les 2 joueurs commencent à compter « dans leur tête » de 1 à 60. Dès qu'ils arrivent à 60, ils disent « OK ! » et les autres joueurs vérifient celui qui est le plus proche de 60 secondes effectives.

DUEL

Glouglou : remplissez 2 verres d'eau et mettez-y 2 pailles. Le premier qui vide son verre en buvant à la paille gagne le point.

DUEL

Pas bouger : mettez-vous face à face, les pieds à environ 50 cm des pieds de votre adversaire. Par tous les moyens possibles (mais raisonnables), essayez de faire bouger votre adversaire. Le premier qui décolle un pied du sol a perdu.

DUEL

Placide : les autres joueurs essaient de vous faire rire par tous les moyens possibles. Le premier duel-liste qui rigole perd ce duel.

DUEL

À genoux : en vous déplaçant sur les genoux uniquement, faites une course d'un bout à l'autre de la pièce. Le gagnant remporte le duel et le point.

DUEL

Goutte-à-goutte : chaque duelliste met devant lui un verre plein d'eau et un verre vide. Avec une paille (ou à défaut une cuillère), transportez toute l'eau d'un verre à l'autre, sans en mettre à côté. Le premier qui transvase toute l'eau gagne.

BOOM!
TOUS CONTRE TOUS

Le premier qui rapporte une cuillère
sur la table gagne.

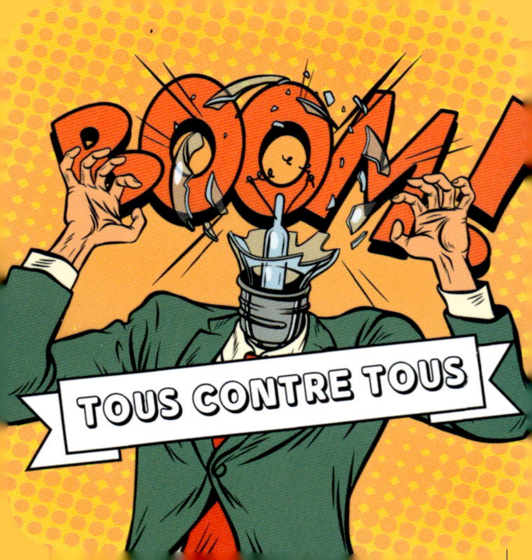
BOOM!
TOUS CONTRE TOUS

Le premier qui rapporte 3 objets dont le nom commence par « F » gagne.

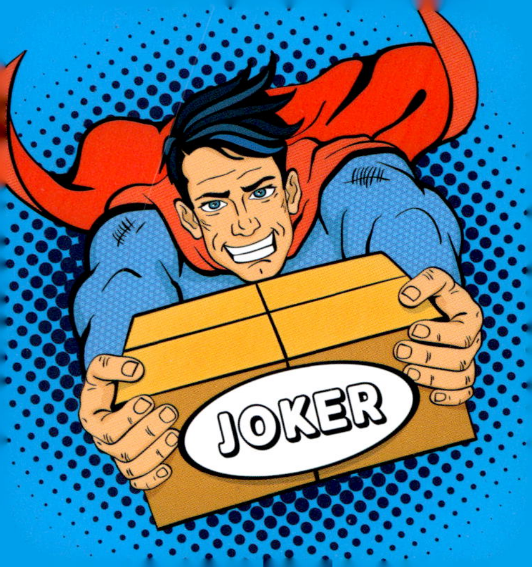
JOKER

Les autres joueurs votent
et décident si vous devez passer
votre tour ou non.

JOKER

Vous donnez le prochain point
que vous marquerez au joueur
de votre choix.

JOKER

Vous prenez 1 point au joueur de votre choix.

JOKER

Vous prenez 2 points au joueur
de votre choix.

JOKER

Vous donnez 1 point au joueur de votre choix.

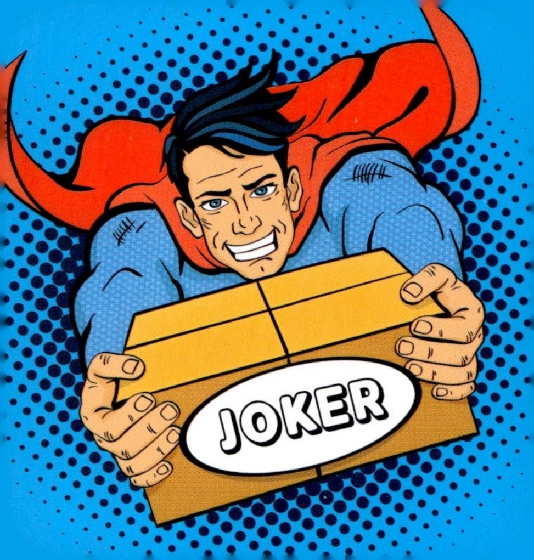
JOKER

Vous donnez 2 points au joueur de votre choix.

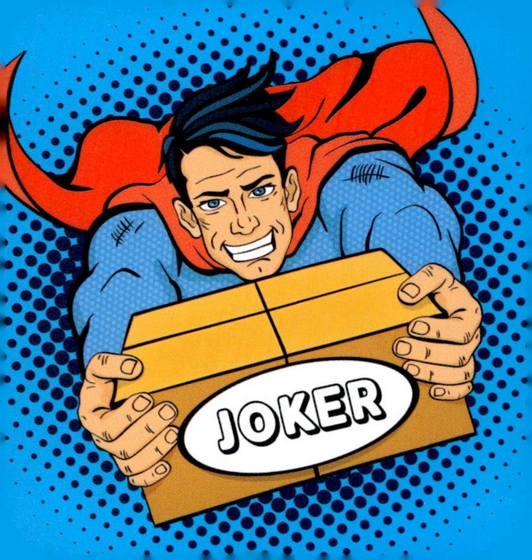
JOKER

Vous êtes automatiquement gagnant du prochain défi « Tous contre tous ». Les autres joueurs le feront quand même pour avoir une chance de gagner des points eux aussi.

JOKER

Vous êtes automatiquement gagnant de votre prochain défi « Duel ».

JOKER

Vous êtes automatiquement perdant de votre prochain défi « Duel ». Le joueur choisi pour vous affronter marque donc le point.

JOKER

Vous pouvez imposer le prochain défi « Duel » à deux joueurs de votre choix.

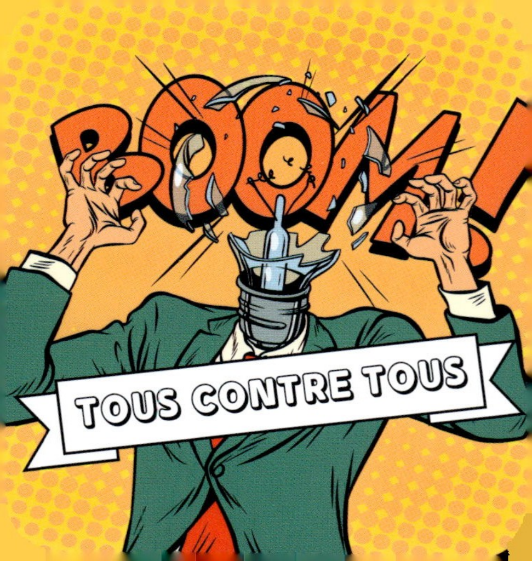
BOOM!
TOUS CONTRE TOUS

Passez-vous un stylo autour de la table sans utiliser vos mains. Quand un joueur fait tomber le stylo il est éliminé, et le jeu reprend jusqu'au dernier joueur en lice qui remporte le défi.

BOOM!
TOUS CONTRE TOUS

Le joueur qui a gagné le dernier défi commence et fait un geste. Son voisin de gauche refait le même geste, puis en ajoute un autre. Chaque joueur continue et doit alors reprendre la suite de gestes sans se tromper et en ajouter un. Toute erreur est éliminatoire. Le dernier joueur en lice gagne.

BOOM!
TOUS CONTRE TOUS

Le joueur qui a gagné le dernier défi commence et fait un bruit de son choix. Son voisin de gauche refait le même bruit, puis en ajoute un autre. Chaque joueur continue et doit alors reprendre la suite de bruits sans se tromper et en ajouter un. Toute erreur est éliminatoire. Le dernier joueur en lice gagne.

BOOM!
TOUS CONTRE TOUS

Le joueur qui a gagné le dernier défi commence et donne un chiffre de son choix. Son voisin de gauche répète ce chiffre, puis en ajoute un autre. Chaque joueur continue et doit alors reprendre la suite de chiffres sans se tromper et en ajouter un. Toute erreur est éliminatoire. Le dernier joueur en lice gagne.

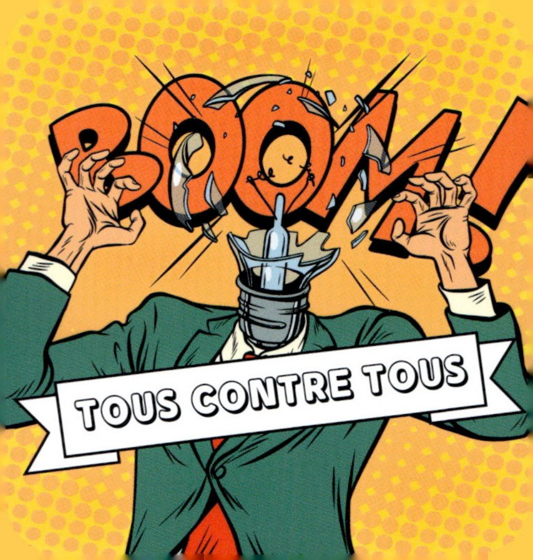
BOOM!
TOUS CONTRE TOUS

Le joueur qui a gagné le dernier défi commence et donne un mot de son choix. Son voisin de gauche répète ce mot, puis en ajoute un autre. Chaque joueur continue et doit alors reprendre la suite de mots sans se tromper et en ajouter un. Toute erreur est éliminatoire. Le dernier joueur en lice gagne.

BOOM!
TOUS CONTRE TOUS

Le joueur ayant le moins de points commence et raconte une blague, puis son voisin de gauche raconte une autre blague, et ainsi de suite. Si un joueur rigole, il est éliminé. Le dernier en lice gagne le point.

BOOM!
TOUS CONTRE TOUS

Personne ne bouge ! Celui qui parvient à rester immobile le plus longtemps remporte ce défi.

BOOM!
TOUS CONTRE TOUS

Posez un stylo à plat en équilibre sur l'un de vos pieds, puis avancez à cloche-pied. Celui qui va le plus loin sans faire tomber son stylo remporte le défi.

JOKER

Prenez 1 point au joueur qui a le score le plus haut (si plusieurs joueurs sont à égalité, à vous de choisir à qui prendre ce point).

JOKER

Empêchez le joueur de votre choix
de participer au prochain défi
« Tous contre tous ».

JOKER

Empêchez deux joueurs de votre choix de participer au prochain défi « Tous contre tous ».

JOKER

Divisez le score du joueur de votre choix par 2. Arrondissez au point supérieur si nécessaire.
Ex. : ce joueur avait 7 points, son nouveau score est de 4 (7 : 2 = 3,5 arrondi à 4).

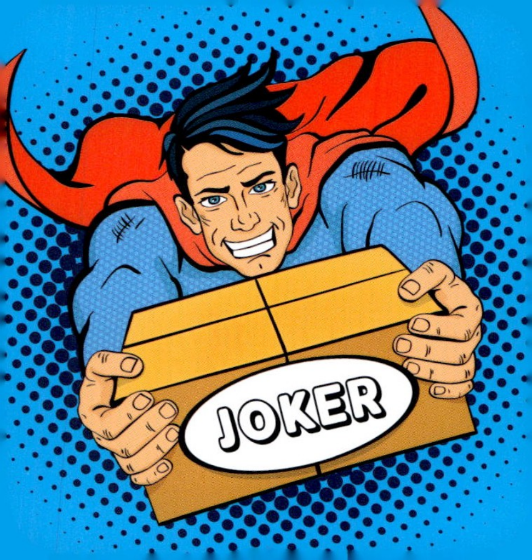
JOKER

Divisez votre score par 2.
Arrondissez au point supérieur si nécessaire. Ex. : vous aviez 5 points, votre nouveau score est donc de 3 (5 : 2 = 2,5 arrondi à 3).

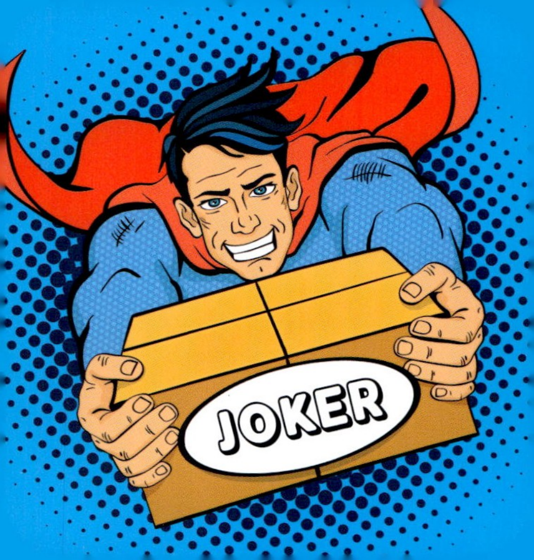
JOKER

Perdez 2 points tout de suite.

JOKER

Perdez 1 point tout de suite.

DUEL

Culture générale#2 : le premier qui cite 5 pays d'Afrique gagne.

DUEL

Mister président : le premier qui cite 3 présidents américains gagne.

DUEL

Battle hip-hop : effectuez chacun
votre tour une petite danse hip-hop. Les autres joueurs attribuent le point à la prestation qu'ils jugent la plus convaincante.

DUEL

Battle disco : effectuez chacun votre tour une petite danse disco. Les autres joueurs attribuent le point à la prestation qu'ils jugent la plus convaincante.

DUEL

Battle de chant : chantez chacun votre tour le refrain d'une chanson de votre choix. Les autres joueurs attribuent le point à la prestation qu'ils jugent la plus convaincante.

DUEL

Précision : en vous plaçant à environ 2 mètres d'un mur, jetez une pièce chacun votre tour dans sa direction. Celui qui fait arriver sa pièce le plus près du mur sans le toucher gagne. Si les deux pièces touchent le mur, alors personne ne remporte de point.

DUEL

Mini-basket : placez un verre vide au milieu de la table, puis essayez d'y lancer une boulette de papier. Si l'un des deux joueurs y parvient, il gagne le duel. Si aucun n'y parvient, personne ne marque de point, et si les deux réussissent leur tir, alors ils marquent un point chacun.

JOKER

Faites gagner 1 point gratuit
au joueur de votre choix.

JOKER

Donnez 1 point d'un joueur
de votre choix à un autre joueur.

JOKER

Faites gagner 2 points gratuits
au joueur de votre choix.

DÉFI SOLO

Classez les joueurs du plus petit
au plus grand en moins
de 20 secondes.

Comme un pied : chacun votre tour, faites les lacets d'un autre joueur avec les yeux bandés en chronométrant. Le plus rapide gagne.

DUEL

Course d'obstacles : placez-vous dans un coin de la pièce, un objet est ensuite posé dans le coin opposé. Le premier qui l'attrape remporte le duel.

DUEL

Pile ou face : jouez à pile ou face en 2 manches gagnantes.

DUEL

Muscu : faites un concours de pompes. Celui qui en fait le plus en une seule série remporte le duel.

DUEL

Battle de vocabulaire : donnez tour à tour un nom de fleur. Le premier joueur qui cale perd le duel.

DUEL

Vocabulaire : trouvez le mot le plus long (« anticonstitutionnellement » est interdit).

DUEL

Avis de tempête : soufflez tour à tour sur une boule de papier posée sur la table. Celui qui l'envoie le plus loin l'emporte.

DUEL

Par la barbichette : faites une
partie de ce jeu mythique
où l'objectif est de ne pas rire.

DUEL

Compétition d'apnée : celui qui retient sa respiration le plus longtemps remporte le défi.

DUEL

Mains d'acier : faites un bras de fer de la main gauche.

DUEL

Chifoumi : faites une partie de pierre-feuille-ciseaux en 2 manches gagnantes.

DUEL

Battle de regard : le premier qui détourne les yeux a perdu.

DUEL

Prenez chacun un papier et écrivez le nombre total de lettres obtenu en cumulant les lettres des prénoms de tous les joueurs. Le premier à rendre un papier avec le bon nombre gagne.

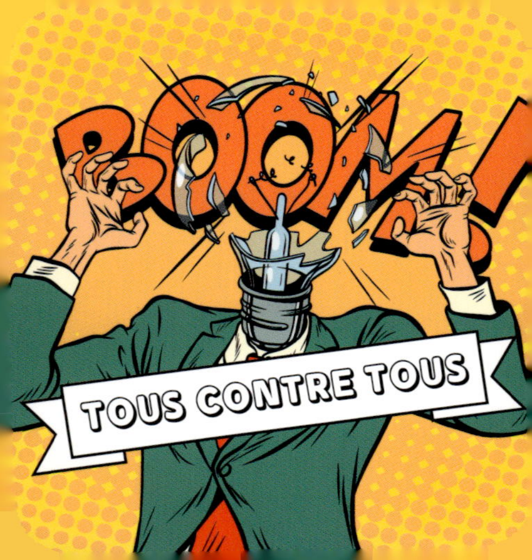
BOOM!
TOUS CONTRE TOUS

Concours d'apnée : Celui qui retient sa respiration le plus longtemps gagne.

BOOM!
TOUS CONTRE TOUS

Concours de lancer de stylo avec la bouche : celui qui envoie son stylo le plus loin gagne.

BOOM!
TOUS CONTRE TOUS

Enlevez vos chaussures, et posez un stylo au milieu de la pièce. Le premier joueur qui l'attrape avec le pied gagne.

BOOM!
TOUS CONTRE TOUS

Posez chacun une feuille de papier devant vous. Au signal, essayez d'attraper votre feuille avec la bouche uniquement. Le premier qui y arrive gagne le point.

BOOM!
TOUS CONTRE TOUS

Le premier joueur qui fait 3 fois
le tour de la table et revient
à sa place initiale gagne.

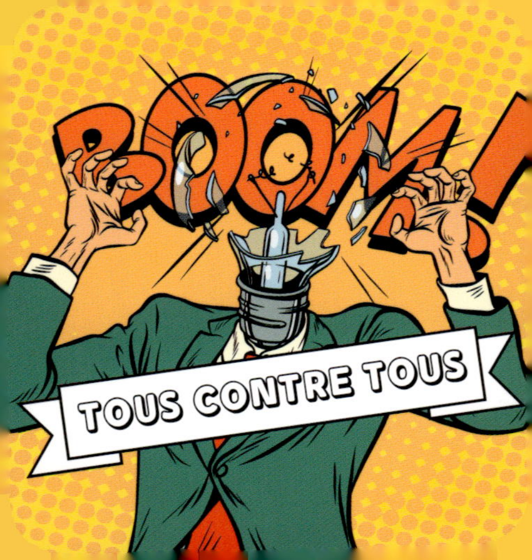
BOOM!
TOUS CONTRE TOUS

Le premier joueur qui s'allonge par terre et revient à sa place initiale gagne.

BOOM!
TOUS CONTRE TOUS

Quel jour était-on le 14 avril dernier ? Celui ou celle qui trouve la bonne réponse gagne le point (si plusieurs joueurs y arrivent, ils marquent tous 1 point).

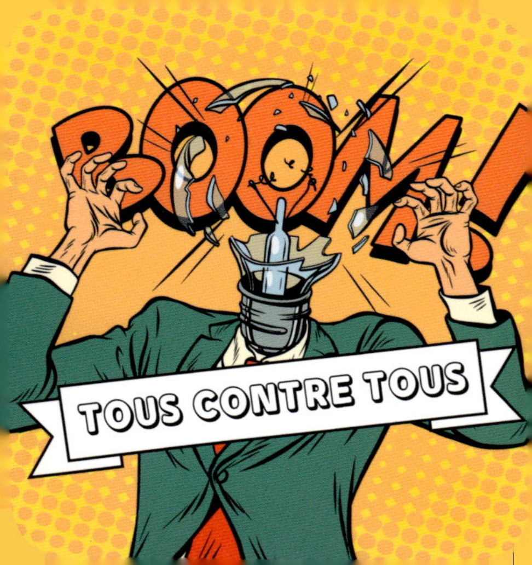
BOOM!
TOUS CONTRE TOUS

BOOM!
TOUS CONTRE TOUS

Enlevez vos chaussures et sautez dans un lit. Le premier qui arrive sous la couette remporte le défi.

BOOM!
TOUS CONTRE TOUS

Le premier qui parle à une personne extérieure au jeu remporte ce point.

BOOM!
TOUS CONTRE TOUS

Prenez un livre. Chacun votre tour, essayez de l'ouvrir à la page 100 sans regarder et d'une seule main. Celui qui est le plus proche gagne.

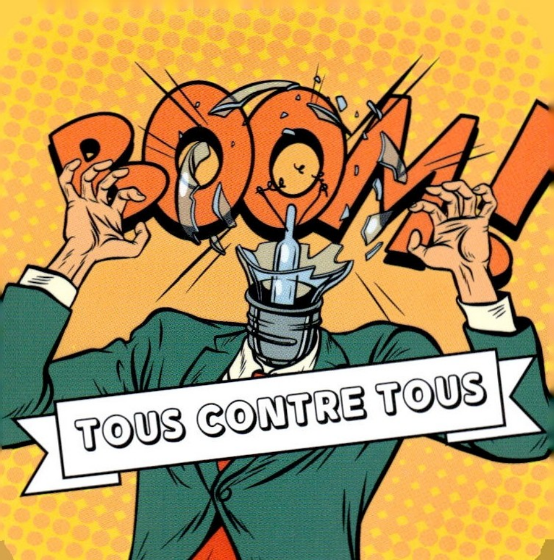
BOOM!
TOUS CONTRE TOUS

Posez un objet au centre de la table, et réglez un minuteur sur 10 secondes. Dès que le minuteur sonne, essayez d'attraper l'objet pour gagner ce défi.

BOOM!
TOUS CONTRE TOUS

Mettez-vous à un bout de la pièce, avec une boule de papier devant chaque joueur. En la poussant avec le nez uniquement, faites-la arriver à l'autre bout de la pièce. Le premier arrivé gagne le défi.

BOOM!
TOUS CONTRE TOUS

Placez-vous en cercle sur un pied, de manière à ce que chacun puisse se toucher. Le dernier à poser le pied par terre remporte ce défi. Tous les coups (raisonnables) sont permis !

BOOM!
TOUS CONTRE TOUS

Tracez un cercle de 1 m de diamètre sur le sol. Au signal, partez de l'autre bout de la pièce pour arriver dans le cercle. Le dernier à avoir ses deux pieds dans le cercle est éliminé. Recommencez jusqu'à ce qu'il ne reste plus qu'un vainqueur !

JOKER

Vous faites accomplir votre prochain défi par la personne de votre choix et marquez 1 point quoi qu'il arrive. L'autre joueur ne marque le point que s'il accomplit le défi.

JOKER

Au prochain tour vous devrez réussir 2 défis « Solo » au lieu d'un pour marquer 1 point.

JOKER

Vous pouvez changer un défi qui ne vous convient pas lors d'un prochain tour.

JOKER

Vous pouvez ne pas participer au défi « Tous contre tous » de votre choix et marquez 1 point quoi qu'il arrive.

JOKER

Vous pouvez ne pas participer au défi « Duel » de votre choix et marquez 1 point quoi qu'il arrive.

JOKER

Vous pouvez choisir la catégorie de votre prochain défi.

JOKER

Vous pouvez choisir votre prochain défi parmi les cartes restantes.

JOKER

Vous passez votre tour et ne marquez pas de point.

JOKER

Vos points comptent double pour le prochain tour.

JOKER

Vos points comptent triple
au prochain tour.

JOKER

Choisissez un joueur qui doit passer son prochain tour.

BOOM!
TOUS CONTRE TOUS

Le joueur qui a remporté le dernier défi commence et donne un nom de ville française qui commence par « A ». Le joueur à sa gauche en dit un qui commence par « B », et ainsi de suite. Dès qu'un joueur sèche il est éliminé. Si l'alphabet est terminé, repartez avec « A ». Le dernier joueur en lice remporte le défi et le point.

BOOM!
TOUS CONTRE TOUS

La raison du plus fit : faites un concours de pompes ; celui qui en fait le plus en une série remporte ce défi !

BOOM!
TOUS CONTRE TOUS

Super tirage : tirez une carte chacun. Celui ou ceux qui tire(nt) la carte la plus faible est/sont éliminé(s). Les autres tirent une nouvelle carte, et ainsi de suite jusqu'à ce qu'il n'en reste plus qu'un.

BOOM!
TOUS CONTRE TOUS

Remplissez tous votre bouche d'eau en même temps, et tentez de garder l'eau le plus longtemps possible. Le dernier à avaler ou cracher son eau gagne !

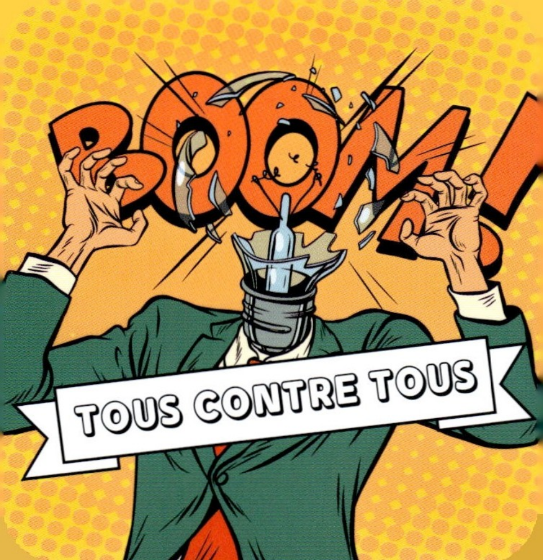
BOOM!
TOUS CONTRE TOUS

Chaise invisible : « asseyez-vous » sur une chaise invisible contre un mur. Celui qui tient le plus longtemps dans cette position gagne le duel.

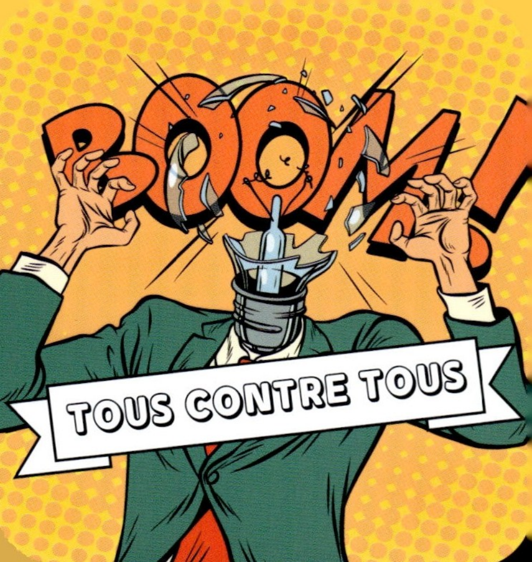
BOOM!
TOUS CONTRE TOUS

Aller-retour : le premier joueur qui va à l'extérieur et revient à sa place gagne.

BOOM!
TOUS CONTRE TOUS

Papyrus : le premier joueur qui parvient à écrire son prénom au crayon sur du papier toilette gagne.

BOOM!
TOUS CONTRE TOUS

Posez une boule de papier par personne à un bout de la table et placez-vous de l'autre côté. En soufflant uniquement, essayez de faire arriver votre boule le plus loin possible sans la faire tomber de la table. Celui dont la boule va le plus loin sans tomber gagne !

BOOM!
TOUS CONTRE TOUS

Faites une course à cloche-pied.
Le premier arrivé remporte le défi.

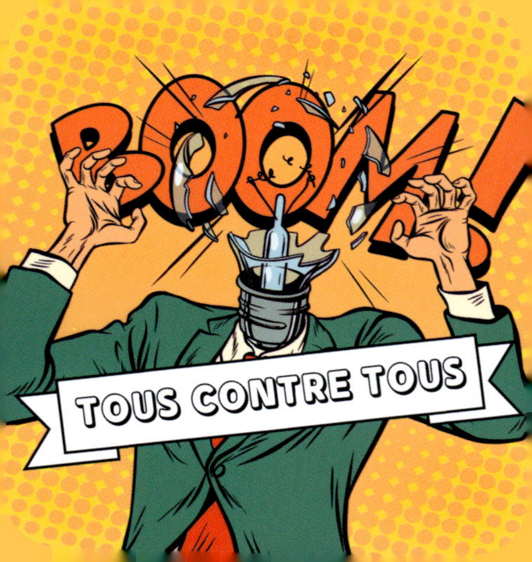
BOOM!
TOUS CONTRE TOUS

Faites une partie de chaises musicales. Le gagnant remporte le défi et le point qui va avec.

BOOM!
TOUS CONTRE TOUS

Battle de vocabulaire : le joueur qui a remporté le dernier défi donne un nom d'animal commençant par un « C ». Celui qui est sa gauche en dit un autre, et ainsi de suite. Si un joueur sèche il est éliminé. Le dernier en lice remporte le défi.

BOOM!
TOUS CONTRE TOUS

Mettez-vous accroupi sans vous aider des mains. Le dernier à tenir cette position remporte le défi.

BOOM!
TOUS CONTRE TOUS

Prenez chacun un stylo et faites-le tenir en équilibre sur un doigt tout en marchant sans cesse en rond dans la pièce. Celui qui fait tenir son stylo le plus longtemps gagne !

BOOM!
TOUS CONTRE TOUS

Faites une course de marche en canard. Le vainqueur marque le point.

BOOM!
TOUS CONTRE TOUS

Mettez tous dans votre bouche
le manche d'une cuillère à soupe
remplie d'eau et marchez d'un bout
à l'autre de la pièce. Celui qui
arrive avec le plus d'eau restant
dans sa cuillère remporte le défi.

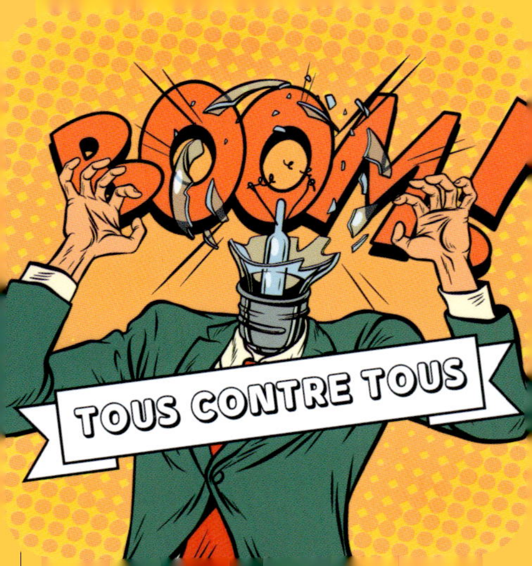
BOOM!
TOUS CONTRE TOUS

Mettez-vous tous sur la pointe d'un seul pied et restez ainsi le plus longtemps possible. Le dernier à poser l'autre pied sur le sol gagne le point.

DÉFI SOLO

Faites la planche pendant
30 secondes.

DÉFI SOLO

Faites le tour de la pièce avec les jambes attachées.

DÉFI SOLO

Faites le tour de la pièce avec les yeux bandés en moins d'1 minute.

DÉFI SOLO

Écrivez lisiblement le prénom
de votre voisin de droite avec
la main gauche si vous êtes droitier
et avec la main droite si vous
êtes gaucher.

DÉFI SOLO

Écrivez lisiblement votre prénom...
sans utiliser vos mains.

DÉFI SOLO

Un autre joueur trace une lettre
contre votre dos avec son doigt.
Devinez de quelle lettre il s'agit.

DÉFI SOLO

Faites « la chaise », assis contre un mur pendant 30 secondes.

DÉFI SOLO

Faites 5 tours sur vous-même avec un verre rempli d'eau, puis rasseyez-vous à votre place sans en renverser une goutte.

DÉFI SOLO

Avec une paire de ciseaux,
découper un cœur dans une feuille
de papier en moins de 6 secondes.
3, 2, 1...Découpez !

DÉFI SOLO

Déchirez une feuille de papier
A4 pliée en 16 (4 plis).

DÉFI SOLO

Essayez de mettre une pièce de monnaie dans votre verre sans utiliser vos mains ou votre bouche.

DUEL

Jump : qui fera le plus de sauts à pieds joints sur place en 30 secondes ?

Comment jouer ?

Partie rapide :

Tirez une carte au hasard et effectuez le défi qui y est inscrit.

Partie complète :

Mélangez toutes les cartes. Le plus jeune joueur commence, tire une carte, et doit effectuer le défi qui s'y trouve. S'il y parvient, il remporte 1 point, et le joueur à sa gauche joue à son tour.

Dès que deux joueurs ont atteint 10 points, ils tirent 3 cartes Duel et s'affrontent sur les 3 défis qui s'y trouvent. Le joueur qui remporte une majorité de ces défis est alors déclaré vainqueur.

Les différentes catégories de cartes

Défi solo

Un défi à faire seul. S'il n'y a pas d'indication de temps contraire sur la carte, vous avez 30 secondes pour remplir votre mission et marquer 1 point.

Duel

Choisissez votre adversaire et affrontez-le. Celui des deux joueurs qui gagne le duel marque 1 point, et la partie reprend son cours normal (avec le joueur assis à gauche de celui qui a tiré la carte). Attention, ne traînez pas, dès que la carte est lue le défi est lancé (sauf bien sûr pour les duels dans lesquels une petite préparation ou un placement spécial est nécessaire) !

DUEL

Mêlée : l'un face à l'autre, mettez vos paumes de main vers l'avant jusqu'à ce que vos mains se touchent. Au signal, poussez le plus fort possible pour faire reculer votre adversaire. Le premier qui fait un pas vers l'arrière perd le duel.

DUEL

Mot pour mot : le premier duelliste dit un mot, puis le second un autre, et ainsi de suite. À chaque tour, il vous faut reprendre la liste de mots depuis le début sans faire aucune erreur. Le premier qui se trompe a perdu !

DUEL

Au signal, dites en même temps un chiffre entre 1 et 9.

Si l'un des deux duellistes donne un chiffre plus grand que l'autre, il remporte le duel. Mais si les deux duellistes donnent le même chiffre, personne ne marque de point.

DUEL

Faites un solo endiablé de « Air guitar » à la façon de Jimmy Hendrix. Les autres joueurs accorderont le point à la meilleure prestation.

DUEL

Découpez chacun 3 petits carrés de papier et tracez une croix dessus, puis posez-les sur la table. Soufflez sur les bouts de papier pour les retourner. Le premier qui a retourné ses 3 bouts de papier remporte le duel.

DUEL

Face au mur : le premier qui touche un mur, n'importe lequel, gagne le duel.

DUEL

Échange : le premier qui échange sa place avec son voisin le plus proche gagne.

DUEL

« Floor is lava ! » : Le sol est couvert de lave brûlante. Trouvez refuge, en moins de 5 secondes, dans un lieu en hauteur autre que le siège sur lequel vous êtes éventuellement assis. Le plus rapide gagne le duel.

DUEL

Bougeotte : le premier qui se lève de sa chaise et s'assied 3 fois gagne !

DUEL

Tunnel : le premier qui passe 3 fois sous la table gagne ! (si ce n'est pas possible, alors passez au-dessus).

DUEL

Construisez un château de cartes comportant 3 étages (15 cartes). Le premier qui a terminé son château remporte le duel.

DUEL

Chat perché : le premier qui est « perché » remporte ce duel.

DUEL

Prendre l'air : le premier qui ouvre une fenêtre et la referme gagne.

DUEL

Avoir du nez : le premier qui touche une porte avec le nez gagne.

DUEL

Lecture rapide : le premier qui attrape un livre gagne.

DUEL

Salle de bains : le premier qui entre dans la baignoire ou la douche remporte ce duel.

DUEL

Clic-clac : Le premier qui fait une photo de 2 autres joueurs gagne.

DUEL

Chausse-pied : le premier qui enlève puis remet ses chaussures complètement gagne.

DUEL

Bandez-vous les yeux. Sans les mains, essayez d'enlever votre bandeau. Le premier qui y parvient remporte ce défi !

DUEL

Bandez-vous les yeux. Le premier qui arrive jusqu'aux toilettes et s'assoie sur les WC gagne.

DUEL

Posez un objet (incassable de préférence !) au centre de la table, et bandez-vous les yeux. Au signal, essayez d'attraper l'objet. Celui qui y parvient remporte ce point.

DUEL

Smartphone : le premier qui poste une photo sur les réseaux sociaux gagne.

DUEL

Tiré par les cheveux : le premier qui s’arrache un cheveu et le montre aux autres joueurs gagne.

DUEL

Course de boulettes : confectionnez chacun une boulette de papier (de 1 cm environ) et tracez-y une marque distinctive. Faites la course sur la distance de votre choix, en propulsant vos boulettes par des pichenettes. Le premier arrivé remporte le défi.

DUEL

Rouge : le premier qui rapporte
3 objets rouges sur la table gagne.

DUEL

Vert : le premier qui rapporte
3 objets verts sur la table gagne.

DUEL

Mini-pouce : vous avez 15 secondes pour trouver l'objet le plus petit qui soit et le poser sur la table. Celui de vous deux qui rapporte l'objet le plus petit gagne le point.

DUEL

Devin : prenez un livre au hasard, et tentez d'en deviner le nombre de pages chacun à votre tour. Celui qui est le plus proche de la vérité gagne.

DUEL

Touche-touche : le premier qui touche tous les joueurs gagne.

DUEL

Battle de paons : faites la roue chacun votre tour. Les joueurs qui ne participent pas au duel décident lequel des deux a fait la plus belle et mérite le point.

DUEL

À l'aveugle : posez un objet sur le sol et placez-vous de part et d'autre à la même distance. Avec les yeux bandés et après avoir fait un tour sur vous-même, essayez d'attraper cet objet. Le premier qui y parvient marque le point.

DUEL

Doigt de fer : faites un bras de fer en n'utilisant que votre petit doigt.

DUEL

Rapidité : un objet est posé sur la table entre les duellistes.
Au « top », essayez de l'attraper avant l'autre ! Notre conseil : évitez les objets fragiles…

DUEL

Planche : faites la planche au sol. Celui des deux qui tient le plus longtemps remporte ce duel.

DUEL

Une chaise pour deux : placez-vous chacun à 2 mètres de la chaise. Celui qui parvient à s'assoir le premier marque le point.

DUEL

Prenez chacun un selfie sur le thème « salle de bain » en 1 minute.
Le plus original ou le plus drôle (de l'avis des autres joueurs) gagne le défi.

Accomplissez le prochain défi « Duel » en binôme et doublez vos chances de gagner. Votre binôme marque aussi 1 point en cas de défi réussi.

JOKER

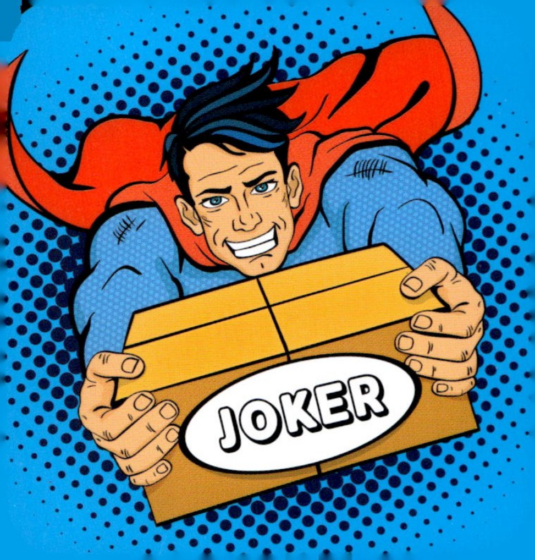
JOKER

Gagnez 2 points tout de suite.

JOKER

Gagnez 1 point tout de suite.

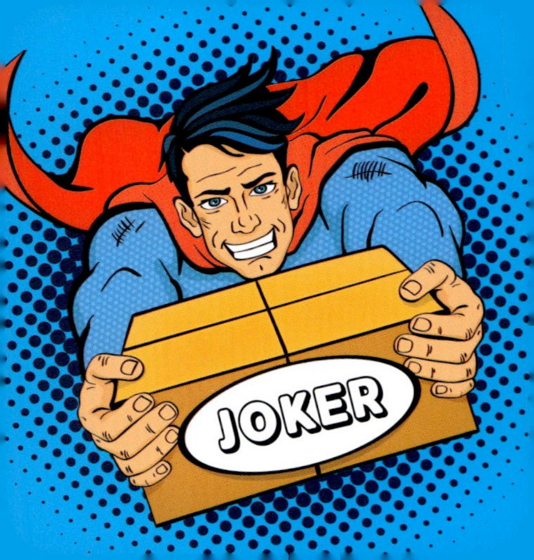
JOKER

Si vous vous qualifiez en finale, vous pouvez choisir votre adversaire parmi tous les autres joueurs.

JOKER

Accomplissez le prochain défi
« Solo » en binôme et doublez vos
chances de gagner. Votre binôme
marque aussi 1 point en cas
de défi réussi.

Tous contre tous

Tous les joueurs participent. Attention, ne traînez pas, dès que la carte est lue le défi est lancé ! Le joueur qui remporte le défi marque 1 point, et la partie reprend son cours normal.

Joker

Les cartes « Joker » peuvent donner un avantage comme mettre un obstacle sur votre chemin. À vous de composer avec ces surprises du mieux que vous pouvez !

Accessoires utiles : feuilles de papier/votre smartphone/2 ou 3 pommes, 2 bananes/1 jeu de cartes/des stylos/1 paire de ciseaux/1 écharpe ou 1 foulard pour faire un bandeau.

Textes de Grégoire Peuvion
Direction de la publication : Isabelle Jeuge-Maynart et Ghislaine Stora
Direction éditoriale : Nathalie Viard
Édition : Thierry Olivaux
Conception graphique et couverture : L'Agence de Presse
Mise en page : L'Agence de Presse
Fabrication : Donia Faiz

Les Éditions Larousse utilisent des papiers composés de fibres naturelles, renouvelables, recyclables et fabriquées à partir de bois issus de forêts qui adoptent un système d'aménagement durable. En outre, les Éditions Larousse attendent de leurs fournisseurs de papier qu'ils s'inscrivent dans une démarche de certification environnementale reconnue.

ISBN : 978-2-03-602623-0
Imprimé en RPC
Dépôt légal : octobre 2022
331156/01 - 11050249 - avril 2022

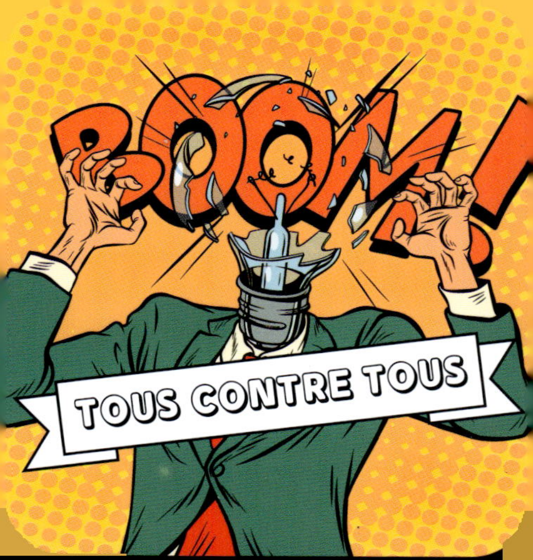
BOOM!
TOUS CONTRE TOUS

Prenez chacun un papier et écrivez dessus le nom d'un joueur autre que vous-même. Le joueur dont le nom apparaît le plus de fois gagne le point. En cas d'égalité, recommencez.

BOOM!
TOUS CONTRE TOUS

Prenez chacun un papier et écrivez ce que vous pensez être la taille du joueur à votre droite. Celui qui est le plus proche de la vérité gagne (si plusieurs joueurs tombent juste, ils marquent tous 1 point).

JOKER

Donnez 1 point au joueur qui a le score le plus bas (si plusieurs joueurs sont à égalité, à vous de choisir à qui donner ce point).

JOKER

Prenez 1 point à chaque joueur qui a cumulé 9 points.

BOOM!
TOUS CONTRE TOUS

Le premier qui pose 2 des vêtements qu'il a sur lui sur la table remporte le défi.

BOOM!
TOUS CONTRE TOUS

Le premier qui rapporte 3 objets identiques ou différents dont le nom commence par « O » gagne.

BOOM!
TOUS CONTRE TOUS

Le premier qui rapporte une fleur (ou une feuille) gagne.

BOOM!
TOUS CONTRE TOUS

Le premier qui rapporte une chose appartenant à chacun des autres joueurs remporte ce défi.

BOOM!
TOUS CONTRE TOUS

Le premier qui rapporte 3 objets différents dont le nom commence par « S » gagne.

BOOM!
TOUS CONTRE TOUS

Le premier qui rapporte un rouleau de papier toilette sur la table gagne.

BOOM!
TOUS CONTRE TOUS

Le premier qui rapporte 3 objets dont le nom commence par « L » gagne.

BOOM!
TOUS CONTRE TOUS

Le premier qui parvient à prendre une photo de tous les autres joueurs tous ensemble remporte le défi.

BOOM!
TOUS CONTRE TOUS

Le premier qui rapporte 3 objets dont le nom commence par « M » gagne.

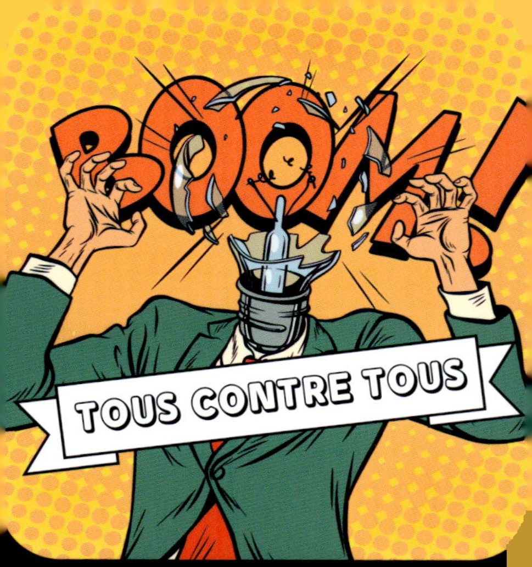
BOOM!
TOUS CONTRE TOUS

Le premier qui rapporte 3 objets dont le nom commence par la première ou la dernière lettre de son propre prénom remporte le défi.

BOOM!
TOUS CONTRE TOUS

Le premier qui touche tous les autres joueurs du doigt gagne.

BOOM!
TOUS CONTRE TOUS

Le premier qui s'assied à la place
de tous les joueurs puis revient
à la sienne marque le point.

BOOM!
TOUS CONTRE TOUS

Le premier qui rapporte un objet de chaque couleur primaire (jaune, rouge, vert) gagne.

BOOM!
TOUS CONTRE TOUS

Le joueur qui a remporté le dernier défi commence et donne un nom de fleur. Le joueur à sa gauche en dit un autre, et ainsi de suite. Dès qu'un joueur sèche il est éliminé. Le dernier joueur en lice remporte le défi et le point.

BOOM!
TOUS CONTRE TOUS

Le joueur qui a remporté le dernier défi commence et donne un nom de pays. Le joueur à sa gauche en dit un autre, et ainsi de suite. Dès qu'un joueur sèche il est éliminé. Le dernier joueur en lice remporte le défi et le point.

BOOM!
TOUS CONTRE TOUS

Le joueur qui a remporté le dernier défi commence et donne un nom de félin. Le joueur à sa gauche en dit un autre, et ainsi de suite. Dès qu'un joueur sèche il est éliminé. Le dernier joueur en lice remporte le défi et le point.

BOOM!
TOUS CONTRE TOUS

Le joueur qui a remporté le dernier défi commence et donne un nom de président français (toutes époques confondues). Le joueur à sa gauche en dit un autre, et ainsi de suite. Dès qu'un joueur sèche il est éliminé. Le dernier joueur en lice remporte le défi et le point.

BOOM!
TOUS CONTRE TOUS

Le joueur qui a remporté le dernier défi commence et donne un nom de fleuve. Le joueur à sa gauche en dit un autre, et ainsi de suite. Dès qu'un joueur sèche il est éliminé. Le dernier joueur en lice remporte le défi et le point.

BOOM!
TOUS CONTRE TOUS

Le joueur qui a remporté le dernier défi commence et donne un nom de couleur qui commence par « A ». Le joueur à sa gauche en dit un qui commence par « B », et ainsi de suite. Dès qu'un joueur sèche il est éliminé. Si l'alphabet est terminé, repartez avec « A ». Le dernier joueur en lice remporte le défi et le point.

BOOM!
TOUS CONTRE TOUS

Le joueur qui a remporté le dernier défi commence et donne un nom de star qui commence par « A ». Le joueur à sa gauche en dit un qui commence par « B », et ainsi de suite. Dès qu'un joueur sèche il est éliminé. Si l'alphabet est terminé, repartez avec « A ». Le dernier joueur en lice remporte le défi et le point.

BOOM!
TOUS CONTRE TOUS

Le joueur qui a remporté le dernier défi commence et donne un nom de fruit qui commence par « A ». Le joueur à sa gauche en dit un qui commence par « B », et ainsi de suite. Dès qu'un joueur sèche il est éliminé. Si l'alphabet est terminé, repartez avec « A ». Le dernier joueur en lice remporte le défi et le point.

BOOM!
TOUS CONTRE TOUS

Le joueur qui a remporté le dernier défi commence et donne un nom de marque qui commence par « A ». Le joueur à sa gauche en dit un qui commence par « B », et ainsi de suite. Dès qu'un joueur sèche il est éliminé. Si l'alphabet est terminé, repartez avec « A ». Le dernier joueur en lice remporte le défi et le point. »

BOOM!
TOUS CONTRE TOUS

Le joueur qui a remporté le dernier défi commence et donne un nom d'animal qui commence par « A ». Le joueur à sa gauche en dit un qui commence par « B », et ainsi de suite. Dès qu'un joueur sèche il est éliminé. Si l'alphabet est terminé, repartez avec « A ». Le dernier joueur en lice remporte le défi et le point.

BOOM!
TOUS CONTRE TOUS

Le joueur qui a remporté le dernier défi commence et donne un nom de matériau qui commence par « A ». Le joueur à sa gauche en dit un qui commence par « B », et ainsi de suite. Dès qu'un joueur sèche il est éliminé. Si l'alphabet est terminé, repartez avec « A ». Le dernier joueur en lice remporte le défi et le point.

BOOM!
TOUS CONTRE TOUS

Le joueur qui a remporté le dernier défi commence et donne un titre de film qui commence par « A » (on prend en compte le 1er nom présent dans le titre, pas les articles). Le joueur à sa gauche en dit un qui commence par « B », et ainsi de suite. Dès qu'un joueur sèche il est éliminé. Le dernier joueur en lice remporte le défi et le point.

BOOM!
TOUS CONTRE TOUS

Le joueur qui a remporté le dernier défi commence et donne un titre de chanson ou un nom de chanteur qui commence par « A ». Le joueur à sa gauche en dit un qui commence par « B », et ainsi de suite. Dès qu'un joueur sèche il est éliminé. Le dernier joueur en lice remporte le défi et le point.

BOOM!
TOUS CONTRE TOUS

Le joueur qui a remporté le dernier défi commence et donne un nom d'ustensile de cuisine qui commence par « A ». Le joueur à sa gauche en dit un qui commence par « B », et ainsi de suite. Dès qu'un joueur sèche il est éliminé. Si l'alphabet est terminé, repartez avec « A ». Le dernier joueur en lice remporte le défi et le point.

DÉFI SOLO

Dites « panier piano » 3 fois rapidement sans vous tromper.

DÉFI SOLO

Défi au choix : faites 3 pompes en criant « je suis bien, tout va bien !» entre chaque pompe...ou avalez cul-sec un yaourt !

DÉFI SOLO

Classez les prénoms des joueurs présents par ordre alphabétique.

DÉFI SOLO

Sortez un objet de la poche d'un autre joueur sans utiliser vos mains.

DÉFI SOLO

Faites 5 fois le tour de la table à cloche-pied.

DÉFI SOLO

Faites le poirier et tenez au moins 5 secondes.

DÉFI SOLO

Enlevez l'un de vos vêtements
sans utiliser vos mains.

DÉFI SOLO

Restez immobile pendant
30 secondes. Les autres joueurs
ont le droit de tout faire pour
vous déconcentrer, mais sans
vous toucher !

DÉFI SOLO

Lisez la Règle du jeu de droite
à gauche, et de bas en haut
(en commençant par
le dernier mot).
Vous avez 3 minutes.

DÉFI SOLO

Touchez votre genou avec votre nez.

DÉFI SOLO

Faites la roue.

DÉFI SOLO

Défi 2 en 1 : faites 5 pompes tout en comptant de 3 en 3 à partir du chiffre 8. Si vous vous trompez, recommencez ou abandonnez !

DÉFI SOLO

Touchez vos orteils avec les mains en gardant les jambes tendues.

DÉFI SOLO

Faites 10 abdos.

DÉFI SOLO

Restez en équilibre 30 secondes
sur un pied ET les yeux fermés.

DÉFI SOLO

Faites 2 tours de la pièce en portant l'un des autres joueurs.

DÉFI SOLO

Tenez en apnée pendant
30 secondes.

DÉFI SOLO

Faites tenir un stylo en équilibre sur votre nez pendant 10 secondes.

DÉFI SOLO

Amoureux transi : déclarez votre flamme au joueur ou à la joueuse de votre choix. Les autres joueurs jugeront si vous êtes assez convaincant pour vous attribuer le point !

DÉFI SOLO

Serrez la main de tous les joueurs présents en moins de 10 secondes.

DÉFI SOLO

Asseyez-vous sur le sol sans poser vos bras ni vos mains.

DÉFI SOLO

« Paul est parti ce matin acheter du pain » : prononcez cette phrase à l'envers sans la regarder.

DÉFI SOLO

Écrivez « Défis fous » (de manière lisible) en gardant les yeux fermés.

DÉFI SOLO

Dessinez un cochon (qui soit reconnaissable) en gardant les yeux fermés.

DÉFI SOLO

Citez un écrivain qui ait le même prénom que l'un des joueurs présents.

DÉFI SOLO

Éteignez toutes les lumières de la pièce en moins de 10 secondes.

DÉFI SOLO

Donnez le prénom de tous les joueurs présents en moins de 5 secondes.

DÉFI SOLO

Tous les autres joueurs disent tour à tour « Défis ». Les yeux fermés, identifiez à qui correspond chaque voix sans vous tromper.

DÉFI SOLO

Épelez le mot « Smartphone »
à l'envers sans vous tromper.

DÉFI SOLO

Appeler un ami au téléphone et
chantez-lui « Joyeux anniversaire ! »
sans raison.

DÉFI SOLO

Faites 5 tours sur vous-même, puis essayez d'attraper un objet posé sur la table.

DÉFI SOLO

Fermez les yeux, les autres joueurs choisissent l'un d'entre eux qui se met face à vous. Devinez de qui il s'agit en touchant son visage uniquement.

DÉFI SOLO

Faites-vous chatouiller par un autre joueur sans rigoler pendant 20 secondes.

DÉFI SOLO

Dites sans vous tromper « Madame Sans Souci, combien sont ces six cent six saucissons-ci ? Ces six cent six saucissons-ci sont six sous. Six sous, ces six cent six saucissons-ci ? Si ces six cent six saucissons-ci sont six sous, c'est un souci, ces six cent six saucissons-ci sont trop chers ».

DÉFI SOLO

Récitez l'alphabet à l'envers
sans vous tromper.

DÉFI SOLO

Classez les joueurs du plus jeune
au plus âgé sans vous tromper.

DÉFI SOLO

Dites « j'aime beaucoup les défis » distinctement mais en gardant la bouche fermée.

DÉFI SOLO

Fermez les yeux et donnez
le nombre de joueurs présents
qui portent des lunettes.

DÉFI SOLO

Fermez les yeux et donnez
la couleur du haut de votre voisin
de gauche.

DÉFI SOLO

Épluchez une banane sans les mains. Version possible (plus corsée) : épluchez une orange ou une mandarine.

DÉFI SOLO

Fermez les yeux, puis donnez le prénom de tous les joueurs présents de droite à gauche sans vous tromper.

DÉFI SOLO

Chantez une chanson qui contient le mot « soleil ».

DÉFI SOLO

Donnez le titre d'un livre qui contient le mot « amour ».

DÉFI SOLO

Faites une roulade.

DÉFI SOLO

Faites la chandelle et tenez
pendant 10 secondes. .
Bonus de 1 point supplémentaire si
vous tenez 20 secondes ou plus.

DÉFI SOLO

Trouvez 3 fruits dont le nom commence par la première ou la dernière lettre lettre de votre prénom.

DÉFI SOLO

Faites un tour sur vous-même sur votre chaise sans toucher le sol avec aucune partie de votre corps.

DÉFI SOLO

Touchez vos deux omoplates
d'une seule main.

DÉFI SOLO

Touchez votre nez avec votre langue.

DÉFI SOLO

Attrapez une pomme (ou un autre fruit de votre choix) dans une bassine remplie d'eau en utilisant uniquement les dents.

DÉFI SOLO

Paix et prospérité ! Séparez vos doigts en gardant le majeur et l'annulaire collés (comme les Vulcains de Star Trek).

DÉFI SOLO

Citez 3 objets dans la pièce dont le nom commence par la lettre « l ».

DÉFI SOLO

Touchez tous les murs de la pièce
et le plafond en moins
de 20 secondes.

DÉFI SOLO

Citez 3 animaux dont le nom commence par la dernière lettre de votre prénom.

DÉFI SOLO

Citez des objets dont le nom rime avec le prénom de chaque joueur en moins de 20 secondes.

DÉFI SOLO

Les yeux fermés, tentez de reconnaître un objet choisi par les autres joueurs en le touchant uniquement.

DÉFI SOLO

Appelez un ami et faites-lui croire que vous avez été retenu pour participer à « Qui veut gagner des millions ? » ou à « Koh-Lanta ».

DÉFI SOLO

Fermez les yeux, et donnez la couleur des yeux de votre voisin de droite.

DUEL

Debout ! : allongez-vous par terre. Le premier qui parvient à se relever sans utiliser ses mains gagne le duel.

DUEL

2 en 2 : comptez à rebours de 2 en 2 à partir de 29 sans vous tromper. Le premier qui y parvient sans faire d'erreur gagne le duel (en cas d'erreur, reprenez depuis le départ).

DUEL

Battle animalière : imitez chacun
votre tour l'animal de votre choix.
Les autres joueurs attribuent
le point à l'imitation qu'ils jugent
la plus réussie.

DUEL

Battle imitation : imitez chacun votre tour la célébrité de votre choix. Les autres joueurs attribuent le point à l'imitation qu'ils jugent la plus réussie.

DUEL

Maths#1 : Le premier qui donne le résultat de l'opération suivante gagne : 222 X 4 + 23.

DUEL

Culture générale#1 : le premier qui cite 5 groupes de musique gagne le défi.

DUEL

Fermez les yeux et donnez l'heure précise (à la minute près). Interdit évidemment de regarder montre, smartphone ou horloge ! Celui qui est le plus proche de l'heure exacte remporte le duel.